Monique Lise Cohen

D'une parole d'amour
à la naissance des archives

Mémoires de la Seconde Guerre mondiale

© 2014, Monique Lise Cohen
Edition : BoD - Books on Demand
12/14 rond-point des Champs Elysées, 75008 Paris
Imprimé par Books on Demand GmbH, Norderstedt, Allemagne
ISBN : 9782322035090

Toute reproduction, même partielle, de cet ouvrage est
formellement interdite sans l'accord de l'auteur.
Tous droits réservés pour tous pays.
Dépôt légal : janvier 2014

Yskor

En mémoire de tous les miens disparus dans la Shoah,
Familles Rudetzki, Ratzkovski, Pogorelski,...
Et pour mon peuple Israël qui renaît de ses cendres.

Dans le souffle des petits enfants

Sur le chemin du retour, nous n'avons rien entendu,
aucune vision miraculeuse ne vint troubler le silence
au-dessus du lac des cendres à Birkenau

Le monde était très calme et notre mémoire n'était plus à
vif
Les noms des lieux de l'horreur avaient pu être épelés,
Auschwitz
Birkenau
Treblinka
Maïdanek
Chelmno
Sobibor
Belzec

Terreur de nos enfances quand nos lèvres étaient sales
Mais le soir, nos esprits studieux se penchent sur ce passé
que nous avons à transmettre,
à analyser, à produire, à écrire

Le monde était calme ce jour-là
Et la pliure de nos fronts
dans cette clarté,
Près du lac des cendres à Birkenau

Nous avons mangé le pain du récit.
Dans les temps enfiévrés de notre apprentissage, nous avons écouté, nous avons lu.
Ô combien de lectures dans l'infini. Chaque récit était différent. Unique.
Nous avons engrangé l'immensité des témoignages

Mais le silence était plus grand au bord du lac des cendres à Birkenau

C'est vers le soir que nous avons voulu devenir savants
Comme un vœu qui nous engage au-delà de la solitude, afin que l'immensité du ciel laisse se déployer une terre de connaissance

Ô mon Dieu, par ta justice et par ta miséricorde, jusqu'où ira notre science ?

Les âmes sont patientes et accueillent le silence
Mais d'où viendra notre espérance ?

Comme Moïse le transmit aux oreilles de Josué,
il nous faudra nous souvenir d'Amalec,
pour effacer son nom de dessous les cieux

Nous effacerons les noms
des lieux
de l'horreur
de dessous les cieux

Nous écrirons, nous épellerons les noms des victimes,
mes frères et mes sœurs,
fleuve de toute bonté
rameau de la miséricorde
endurance de votre âme
palpitation visible

Paradoxe de votre incarnation

Vous êtes un ciel
et ma main surprend le battement de votre sang dans la
boue et les écorces

Vous me regardez
et un nom monte à mes lèvres

Votre regard est dans le nom
car l'air
était sans yeux
ce jour-là

Qui serons-nous pour vivre
alors,
quand le ciel très haut surplombe le lac des cendres à
Birkenau ?

Nous nous appartenons mutuellement
lorsque nous quittons ces terres désolées
Qu'y aurait-il à faire de l'horreur ?
Rien,
sinon
transmettre le souffle de l'enseignement
le souffle de vie

Car le monde se tient dans le souffle des petits enfants qui
vont à l'école

Adam, il s'appelle
le souffle qui parle

ruah memalela
ruah memalela
ruah memalela

Dans le retrait de Celui qui exhala en nous l'âme de vie,
nous le maintiendrons cet espace

Chivitti Adonaï lenegedi tamid

J'ai placé Adonaï
devant moi
toujours

Alors
perpétuellement
il vient,
dans l'infini,
le souffle des petits enfants.

RÉSISTANCE

Joseph Georges Cohen

Mon père Joseph Georges COHEN (z"l) 1910 – 1980

Il est né à Paris, le 11 janvier 1910, et a grandi dans le quartier juif de la rue des Rosiers. Puis en 1919, avec son père Raphaël, sa mère Berthe et ses deux sœurs Estelle et Renée, il partit en Terre d'Israël qui était alors la Palestine sous mandat britannique où il passa sa jeunesse. Un fils naquit à sa sœur Renée, qui devait devenir un grand soldat dans la Brigade juive de l'Armée britannique et qui, par la suite, fit toutes les guerres d'Israël. Mon père fut chassé de Palestine par les Anglais en 1927, parce qu'en relation avec la Hagganah, il transportait des armes, et il dut retourner en France.
Mon père était un grand musicien, ingénieur du son dans le cinéma pour la Maison Pathé. Il fut renvoyé à cause de sa « qualité d'israélite », et ceci même avant la promulgation des lois antisémites de Vichy. Son nom, me dit-il, fut même effacé des génériques des films.
Lorsqu'il fut démobilisé, privé d'emploi, il put ouvrir un commerce à Toulouse avec la famille de ma mère, Fernande Rudetzki. Mes grands-parents maternels étaient d'origine polonaise et ukrainienne, mes oncles et ma mère étaient nés aux États-Unis et en France. Ils furent tous des combattants : militants de la LICA avant la guerre et

résistants pendant la guerre. Joseph Cohen entra très tôt en résistance : en 1941, il est membre avec son épouse Fernande et son beau-père Samuel Rudetzki du « Parti de la République et de la France », en 1942, il devient secrétaire de l'Organisation juive de Combat sous les ordres du capitaine Pierrot (Pierre Loeb), puis membre de l'Armée secrète à Fleurance dans le Gers. Il accomplit plusieurs missions de parachutage et participa aux combats pour la libération de Mazamet.

Installé à Toulouse avec l'exode depuis 1940, il était devenu commerçant et avait dû renoncer à une belle carrière artistique. En procès avec la Maison Pathé à la Libération, il ne put continuer cette lutte, car ma mère, Fernande Rudetzki-Cohen (z"l), décéda très tôt, en 1947.

Plus tard il se remaria avec une seconde épouse, Madeleine Zimermann, qui s'était également engagée dans les actions de la Résistance pendant la guerre. Un frère nous naquit appelé Raphaël comme le grand-père que nous n'avions pas connu.

Toute sa vie, Joseph Cohen se consacra au judaïsme : trésorier et administrateur de la communauté, il fut également parmi les fondateurs de la loge du Bnéi Brith de Toulouse, il fit partie de la Hévra Qadicha, et fut le représentant à Toulouse de l'Alliance Israélite Universelle.

Je reçois aujourd'hui le souvenir de ses paroles comme l'expression de la bonté liée à la flamme du judaïsme et un amour inépuisable pour Israël.

C'était au soir de sa vie, il me dit : « Tu trouveras dans la cave de notre maison un livre que mon père avait écrit en hébreu, le titre doit être : *Aimons-nous les uns les autres...* ». Je n'ai jamais connu mon grand-père qui est décédé, il y a très longtemps en 1929, en terre d'Israël qui était alors la Palestine sous mandat britannique. Je savais qu'il était venu de Russie blanche, qu'il s'appelait Raphaël Pogorelski, et qu'il avait fui par les toits pour ne pas faire le service militaire qui était une véritable persécution pour les jeunes Juifs. Il était allé en Turquie et en Palestine où il avait rencontré et épousé ma grand-mère, Berthe Ratzkovski, venue là-bas avec son père, Berl Ratzkovski, mon lointain aïeul qui avait quitté dans sa jeunesse la Lituanie, et qui, après un long périple en Europe, s'était installé en France où il fut un bienfaiteur de la communauté juive comme l'atteste son nom cité dans des ouvrages conservés à la Bibliothèque de l'Alliance israélite universelle. Après le décès de sa femme et lorsque sept de ses filles furent mariées et installées, Berl Ratzkovski partit avec la plus jeune de ses filles. Il ne se rendit pas en Terre d'Israël pour y mourir, mais bien au contraire, il rencontra un nouvel amour. Il se maria et eut encore un fils, Nahum, dont les descendants vivent aujourd'hui en Israël.

Puis, sa fille, Berthe Ratzkovski, rencontra Raphaël Pogorelski. Il était « Cohen » descendant de la lignée antique des prêtres juifs, mais comme chez les Juifs ashkénazes, « Cohen » était le nom d'une fonction et non pas un nom propre. C'est en France, probablement qu'il abandonna son nom russe et prit pour nom de famille celui de sa fonction liturgique. Mes grands-parents se marièrent en avril 1900, puis ils vinrent en France où trois enfants leur naquirent : Renée (1901), Esther ou Estelle (1902) et Joseph (1910). Je savais aussi, ou je croyais savoir (imagination qui marqua ma jeunesse ardente et militante) que mon grand-père avait connu Léon Trotsky, et qu'un jour, lors de son séjour à Paris en 1916, l'illustre révolutionnaire vint voir mon grand-père et tint mon père sur ses genoux. Plus tard, en 1919, ils repartirent tous en Terre d'Israël...[1]

Je ne connaissais pas mon grand-père, et la pensée de chercher un livre écrit par lui m'attirait et m'inspirait alors que je commençais juste ma carrière d'écrivain. Il y avait dans cette invitation beaucoup de douceur et comme de la miséricorde. Je savais que mon grand-père avait été un grand intellectuel, professeur d'hébreu et de mathématiques, et qu'il avait enseigné dans les écoles de l'Alliance israélite universelle. Chercher son livre était un acte d'amour et d'obéissance ainsi que l'acceptation de ma filiation.

Lorsque mon père (z"l) nous quitta, je descendis à la cave et cherchai très longtemps. Je n'ai pas trouvé le livre de mon grand-père, mais comme dans la fable, un autre trésor vint dans mes mains : les archives de l'Organisation Juive de Combat. Je restai de longs jours et soirées (peut-être deux ou trois mois) à classer des milliers de documents : récits d'actions armées des maquis juifs, archives du journal *Renaissance*, fichiers de combattants juifs, fichiers de personnes secourues pendant la guerre et à la Libération, récépissés d'envois de colis à des personnes

---

[1] Cette histoire a été écrite et développée dans ces deux ouvrages : *La fontaine de la rosée soudaine* (éditions Cocagne, 2004), *Le parchemin du désir* (éditions Orizons, 2009).

internées dans les camps du sud de la France, récits de sauvetages, témoignages, etc.

Depuis ce temps, je travaille sur cette histoire, ayant reçu comme héritage une mémoire à transmettre, poursuivant par un détour étrange l'appel qui me fut confié au nom de mon grand-père : « Aimons-nous... »

1939, Joseph Georges Cohen et Fernande Rudetzki

Joseph-Georges Cohen, ingénieur du son, exclu de la société Pathé-cinéma

Par Marie-Paule Hervieu, professeure d'histoire

Ce texte a été écrit à partir de documents appartenant à Monique Lise Cohen et consultables sur le site internet : http://www.resistancejuive.org ainsi qu'au Mémorial de la Shoah et à la Bibliothèque de Toulouse.

Joseph-Georges Cohen, né le 11 janvier 1910 à Paris, d'une famille juive originaire de Russie et de Lituanie, qui avait immigré dans la Palestine mandataire et en France, fut victime d'une mesure discriminatoire qui anticipait la loi du 3 octobre 1940 promulguant un statut des Juifs.

LICENCIÉ PARCE QUE JUIF

Ingénieur du son, J.-G. Cohen travaillait pour la société Pathé-cinéma comme premier assistant *soundman* (enregistreur de son) depuis 1930, puis *soundman* à partir de 1938-1939, date à laquelle il enregistra *Tourbillon de Paris*.

Mobilisé le 25 août 1939, démobilisé le 2 août 1940, arrivé dans l'Hérault, il demanda sa réintégration par une lettre du 13 août 1940, en application de la loi (républicaine) faisant droit à tout salarié de reprendre l'emploi qu'il occupait à la date de sa mobilisation. Deux lettres des 3 et

6 mai 1940 attestent qu'encore à cette date, il était en relations professionnelles avec la société Pathé.

Privé de ressources, ne disposant que de sa prime de démobilisation, il se rendit le 19 août 1940 à Nice, en zone non occupée, lieu de repli des studios Pathé. Il constata, alors qu'il n'était toujours pas réintégré, qu'il y avait une reprise d'activité. Il envoya donc, le 30 septembre, une seconde lettre recommandée.

Il fut alors averti, suite au premier statut d'exclusion des Juifs, daté du 3 octobre, que si la maison Pathé avait bien recommencé sa production, sous l'autorité du directeur, M. Borderie, avec un projet de film de Marc Allègret *Parade en sept nuits* (sorti en 1941), elle refusait de le réemployer en raison de « sa qualité d'Israélite », M. Borderie déclarant s'être engagé à Paris « à ne pas prendre de Juifs dans sa société ».

L'on ne peut que constater une application extensive de la législation antisémite du gouvernement Pétain--Laval, d'une part par le non-respect d'une loi qui n'avait pas été abrogée - la réintégration automatique des soldats démobilisés -, d'autre part par le fait que l'interdiction professionnelle visait les artistes, metteurs en scène et producteurs, toutes professions « en rapport avec le public » mais non les assistants techniques.

ENGAGÉ DANS LA RÉSISTANCE JUIVE

Privé d'emploi, Joseph-Georges Cohen ouvrit, en octobre 1940, un commerce de vêtements à Toulouse, avec son beau-père, Samuel Rudetzki. Il entra en résistance, d'abord au Parti de la République et de la France, et il fut arrêté pour ses activités de résistant. Puis il s'engagea dans l'Armée juive qui prit plus tard le nom d'Organisation juive de combat (OJC). L'OJC a combiné des actions militaires (maquis dans le Tarn), des actions de sauvetage des Juifs en organisant des passages vers l'Espagne, et a formé des corps francs dans les villes.

Joseph-Georges et Fernande Cohen vivaient alors, sous les fausses identités de Georges Lefebvre et de Fernande Chenier, à Fleurance, dans le Gers, avec leurs parents Rudetzki. Eux-aussi étaient actifs ainsi que d'autres membres de leur famille, comme B. Scheimanovitch. Leurs trois fils étaient des résistants engagés dans d'autres mouvements et lieux de la Résistance. J.-G. Cohen a dû signer un contrat d'embauche, le 5 octobre 1942, comme « domestique agricole ».

Alors qu'il en était le secrétaire, l'Organisation juive de combat fut intégrée à l'Armée secrète. Les archives de J.-G. Cohen laissent apparaître la présence d'une formation juive de l'OJC, au sein du Bataillon Prosper dans le Gers, structure sous les ordres de Samuel Rudetzki. Joseph Cohen y exerça des fonctions d'instructeur et participa à des missions de parachutage et à l'attaque d'un convoi. Il rejoignit le maquis de l'OJC lors des combats pour la libération de Mazamet (Tarn).

NON RÉINTÉGRÉ DANS SES DROITS

Le 15 novembre 1944, J.-G. Cohen écrivait à la société Pathé pour demander une indemnisation due au fait qu'il avait été « bafoué dans ses droits » à l'été 1940, mais il dut engager un avocat, auquel il disait le 10 juillet 1946 : « Les procédés employés par Pathé sont honteux, ils ont mal agi, qu'ils réparent ».

Un premier jugement du Conseil des prud'hommes de la Seine, le 3 décembre 1946, lui allouait 50 000 francs de dommages et intérêts aux motifs qu'« en 1940, M. Cohen a demandé régulièrement sa réintégration. On le lui a refusé parce qu'il était Juif, ce qui n'était pas pour son poste, un motif valable, même à l'époque. »

La société Pathé ayant interjeté appel, un second jugement du 30 mai 1950 décidait que « la réintégration n'était pas possible en 1940 et qu'il n'y avait pas lieu à dommages et intérêts ». C'est là une étrange continuité, du régime de Vichy à la IVe République, et une justification de pratiques antisémites légalisées par le ministre de la Justice, Raphaël Alibert, à l'origine du premier statut des Juifs, dans un contexte d'amnistie de toutes les formes de collaboration.

Ce texte a été publié dans : « Cahiers du Cercle d'étude de la Déportation et de la Shoah-Amicale d'Auschwitz,"Quand l'État Français était antisémite. L'exclusion des Juifs des fonctions publiques (1940-1944)", Petit Cahier, 2° série, n° 3, mars 2008 ».
Cercle d'étude de la Déportation et de la Shoah-Amicale d'Auschwitz : http://cercleshoah.free.fr

Toulouse le 10 Juillet 1946

Maître Coudoire
97, Bvd. St Michel
PARIS Vᵉ

Cher Maître,

Après avoir pris connaissance des pièces que vous m'avez envoyées, je vous les renvoie ci-inclus.

Voici 99 précisions supplémentaires qui vous seront utiles pour plaider.

Tout le long rapport de la maison Pathé est mesquin et enfantin.

1° Comment pouvais-je m'adresser directement au siège social, rue Francoeur à Paris, alors que le courrier était arrêté entre les 2 zones? Mes lettres prouvent assez que je voulais travailler et être repris dans mes fonctions. A part les lettres que vous avez, j'ai écrit, sur conseil de Monsieur Alexandre (ancien Directeur de Pathé Journal) qui était à ce moment à Nice et à qui j'avais demandé conseil et protection à M.me AUDIBERT, de la direction de Pathé qui était à ce moment à Vichy. — Cette dernière m'a fort aimablement répondu qu'elle parlerait de moi à M. Mauger à Paris lorsqu'elle irait. par la suite je n'ai plus eu de nouvelles.

2°   Ma demande de réintégration a été faite en Aout 1940 et comme elle m'a été refusée alors, j'ai adressé à la S.té Pathé le 6/11/44 une lettre leur demandant sur quelle base ils comptaient me régler le préjudice qu'ils m'avaient causé du fait de ma non réintégration. — m'a été le préjudice que je réclame n'est pas inhérent à ma qualité d'Israélite, mais en tant qu'employé bafoué de non réintégré dans mes fonctions. M. Borderie, dès ma première rencontre avec lui, m'a affirmé qu'il me reprendrait dans mes fonctions, puis 1 mois ½ ou 2 après alors qu'il rentrait de Paris, où il avait vu M. Mauger, a refusé d'honorer sa parole disant qu'il s'était engagé auprès de la direction Pathé à ne pas prendre de Juifs dans sa production.

3°   Pourquoi dans sa si longue conclusion, la Maison Pathé omet-elle volontairement de parler du camion Pathé d'enregistrement sonore? monté et dirigé par du personnel Pathé? qui se trouvait replié par ordre de Pathé à ce moment à Nice? et pourquoi alors qu'il n'y avait qu'un employé du service technique sonore? c.à.d. moins qu'un assistant et qui par conséquent le manquait? Du personnel qualifié. a.H. elle engage

1946, Lettre de Joseph Georges Cohen à son avocat

Un groupe de résistants juifs de l'Organisation juive de Combat dans le Bataillon Prosper du Gers

Les archives de l'Organisation juive de Combat (Fonds Joseph Georges Cohen[2]), les archives de l'IHTP[3] pour le Gers (Fonds Guy Labédan[4]) et les archives FFI de Daniel Latapie[5] laissent apparaître la présence d'une formation juive liée à l'Organisation juive de Combat au sein du Bataillon Prosper du Gers[6].

---

[2] Archives de l'Organisation juive de Combat (Fonds Joseph Georges Cohen) déposées au Mémorial de la Shoah (Paris) et chez Monique Lise Cohen. Ces archives sont aujourd'hui consultables, en partie, sur le site internet : http://www.resistancejuive.org
L'OJC fut homologuée sous le n° 834 dans le cadre des FFI par la 17ème Région militaire. Voir : *Les Juifs dans la Résistance*, Tirésias, 2001 (témoignage d'Henri Broder, pp. 182-183)
[3] Institut d'Histoire du Temps présent (IHTP), anciennement Comité d'histoire de la Deuxième Guerre mondiale.
[4] Guy Labédan, correspondant de l'IHTP pour le Gers, président de l'Amicale pour le Gers de l'ORA.
[5] Daniel Latapie, correspondant de l'IHTP pour la Haute-Garonne, créateur et coordinateur du Centre d'Études et de Recherches sur la Résistance toulousaine (CERRT).
[6] Cette étude a été publiée dans le *Bulletin de la Société Archéologique, Historique, Littéraire et Scientifique du Gers*, n° 378, 4ème trimestre 2005 et dans les *Actes du Colloque*

Cette formation juive de l'OJC au sein de l'Armée secrète du Gers est assez étonnante et semble peu connue des historiens. Comment la décrire et la comprendre ?

L'Organisation juive de Combat

L'« Armée juive », appelée plus tard « Organisation juive de Combat » en mémoire des combattants du Ghetto de Varsovie, est née à Toulouse en octobre 1940, sous l'impulsion d'Abraham Polonski et de Aaron-Lucien Lublin. Elle déploya son activité sur plusieurs fronts : les maquis, les corps francs en ville, les passages vers l'Espagne pour rejoindre les forces alliées et bien sûr l'activité de sauvetage des Juifs. Toute la population civile juive était en grand danger. Les Juifs français privés de leurs droits se trouvaient souvent sans emploi à cause des lois antisémites de Vichy ; les personnes dépossédées, les réfugiés et les étrangers étaient pour beaucoup enfermés dans des camps. Bientôt, ils seraient menacés de déportation. Les organisations juives s'employèrent à sauver, protéger, faire des faux papiers, prendre en charge les enfants, organiser des passages en Suisse, en Espagne, etc. Il y eut aussi une résistance armée. Le maquis qui se trouvait dans la Montagne noire fut intégré comme « Peloton israélite » dans le Corps franc de la Montagne Noire (CFMN). Citons un autre maquis dans le Tarn, celui des Éclaireurs israélites de France, qui fut incorporé,

---

(21 mai 2008) Familles juives dans le Gers (1939-1945), Auch, Société Archéologique, Littéraire et Scientifique du Gers, 2008

sous le nom de « Compagnie Marc Haguenau », dans les Corps francs de Libération du Tarn. On connaît plusieurs formations de l'OJC, en particulier des corps francs dans plusieurs grandes villes de France ; mais la présence d'une formation combattante OJC dans le Gers reste inédite.

Les FFI du Gers et le Bataillon Prosper

En prévision du débarquement, la Résistance va former de véritables bataillons qui vont quadriller l'ensemble du département. L'effectif global des FFI du Gers pouvait représenter 6 000 à 7 000 hommes et le Bataillon Prosper (Giral), 995 combattants dans le nord du Gers. D'après les archives FFI de Daniel Latapie, plusieurs actions sont à l'actif du Bataillon Prosper. Parachutages et occupation de village par la Compagnie de Lectoure. Attaque d'une colonne allemande par la Compagnie de Mauvezin. Destruction d'une voiture de liaison, le 16 août 1944, par le CF Espagnol et la Compagnie de Fleurance (Prosper). Un combat contre les Allemands par le Bataillon de l'Armagnac et la Compagnie de Fleurance (Prosper), le 21 juin 1944, à Castelnau-sur-l'Auvignon. Puis le Bataillon participa à la libération d'Auch.

Le groupe juif à Fleurance

Samuel Rudetzki, sa femme Dora, la mère de Dora[7], Joseph Cohen et Fernande, son épouse née Rudetzki,

---

[7] Son arrivée est notée dans les archives de la ville de Fleurance qui offrent un panorama complet des étrangers réfugiés dans la ville.

habitent une propriété à Fleurance, « La Tuilerie », où Joseph Cohen signe un contrat le 5 octobre 1942, pour y travailler comme domestique agricole[8]. En 1943, Joseph et Fernande ont des faux papiers d'identité. Ils s'appellent Georges Lefebvre et Fernande Chenier. Les fausses cartes portent le cachet du maire d'Avignon en date du 4 avril 1943.

Quelles actions sont à l'actif de cette formation ? À la date du 2 juillet 1944, un courrier de P.P. (« Petit Père »), chef de la Résistance de Fleurance (de son vrai nom Joseph Nart, et qui fut responsable cantonal des MUR pour le canton de Fleurance), est adressé à Vannier, chef départemental de la Résistance du Gers (de son vrai nom Ernest Vila). Ce courrier dit : « Un petit groupe de Juifs sera des nôtres pour le jour J. Pouvons avoir toute confiance. »[9]

Joseph Cohen nous a souvent transmis un récit, celui d'un « commissaire » dont il ignorait le nom, qui ne le frappa pas alors qu'il était en prison à Toulouse[10], et qui le fit

---

[8] En août 1940, avant même les lois de Vichy du 3 octobre 40, J. Cohen avait été licencié « pour sa qualité d'israélite » par Pathé cinéma où il exerçait la profession d'ingénieur du son.

[9] Archives de l'IHTP pour le Gers, fonds Guy Labédan.
Joseph Cohen racontait une action avec ses beaux-frères, Joseph, Paul et David Rudetzki qui furent un moment dans le Gers.

[10] J. Cohen et S. Rudetzki ont appartenu d'abord au « Parti de la République et de la France » en 1940. Arrêtés tous deux en 1941, S. Rudetzki passe en Conseil de guerre en mars 1942, tandis que J. Cohen est libéré par un

libérer. Plus tard, lors d'une action dans le Gers en 1944, J. Cohen tombe à terre, le genou complètement bloqué, et ne peut plus se relever. Quelqu'un le prend alors sur ses épaules et le dépose sur un camion de police. Il est pris de frayeur, mais se retrouve face à face avec le « commissaire » qui, pour la seconde fois, lui avait sauvé la vie. Qui était ce commissaire ? Une discussion avec Daniel Latapie et la consultation de ses archives nous laissent penser qu'il s'agissait peut-être de Maurice Espitalier, inspecteur et secrétaire de police qui fut également résistant à Toulouse et dans le Gers.

Il existe ainsi à Fleurance tout un groupe de Juifs réfugiés mais aussi combattants dans la résistance. Nous avons pu recueillir le témoignage de Rachel Vahdat (née Kreisberger) dont le père médecin appartenait au Bataillon Prosper. Paul Seff qui s'était enfui de Paris avec ses parents juste avant la rafle du Vel d'Hiv et Bernard Scheimanovitch racontent qu'ils se sont retrouvés avec un groupe d'une vingtaine de jeunes FFI, entre 17 et 18 ans,

---

« commissaire ». Le cahier des CVR atteste que J. Cohen est secrétaire de l'OJC en 1942 sous les ordres du Capitaine « Pierrot » (Pierre Loeb qui dirigeait le Groupe franc de Toulouse puis le maquis de Biques dans le Tarn), par la suite à l'Armée secrète du Gers (instruction et trois missions de parachutage), et qu'il participa aux combats pour la libération de Mazamet
On retrouve les traces de la famille, pourchassée alors par la gestapo, à Fleurance dès octobre 1942, et c'est pour l'année 1944 qu'on connaît les attestations de résistance dans le Bataillon Prosper.

pour garder des locaux où se tenaient des réunions clandestines et apprendre le maniement des armes (la mitraillette « Sten »). Leur instructeur était Joseph Cohen[11].

Une attestation du 16 octobre 1944 et signée par « Giral » (ex-Prosper) qui était le commandant de ce Bataillon, établit que Joseph Cohen a appartenu à l'Organisation juive de Combat sous les ordres de Sam (Samuel) Rudetzki, et à ce titre s'est mis avec son groupe à la disposition de l'Armée secrète : du 6 juin 1944 au 15 août 1944 à la Section d'instruction de la Cie A en qualité d'instructeur avec le grade de Sergent-chef, puis du 16 août 1944 au 15 octobre 1944 à la Compagnie de Commandement du 2ᵉ Bataillon du 2ᵉ Régiment du Gers. Une seconde attestation signée « Prosper », et datée du 7 septembre 1944, indique que « Cohen, Georges, matricule 42, « La Tuilerie », Fleurance, né le 11 janvier 1910 à Paris, a appartenu comme volontaire, Chef de Section au bataillon susnommé à la date de sa formation le 15 août 1944 jusqu'au 7 septembre 1944 ». Un autre certificat d'appartenance aux Forces françaises de l'Intérieur atteste la présence de Joseph Georges Cohen dans le Bataillon Prosper.

Le Cahier des Combattants volontaires de la Résistance (CVR) précise que Joseph Georges Cohen eut une

---

[11] Ces trois témoignages ont été recueillis en 2004 par M. L. Cohen.

responsabilité d'instruction militaire et accomplit trois missions de parachutages dans l'Armée secrète du Gers[12].

À l'époque de la Libération, Joseph Cohen rejoint le maquis de l'OJC, sous les ordres du Capitaine « Pierrot » (Pierre Loeb), dans les combats de la libération de Mazamet. Le 22 septembre, un ordre de mission du Comité départemental de Libération de la Haute-Garonne lui est accordé, et il reçoit un permis de port d'armes « pour un voyage à Fleurance ». Samuel Rudetzki, selon une attestation « FFI, Nord-Est, Bataillon P – Police locale de Fleurance (Gers) », a « pris la direction de la Police locale de Fleurance au moment où les FFI de la région ont quitté la région. A réussi à maintenir l'ordre, fait arrêter plusieurs miliciens et collaborateurs notoires. Restera un exemple de droiture et de dévouement. » Une autre attestation de résistance donnée à Samuel Rudetzki indique : « soutien moral et financier de tous les malheureux ».

Cette formation de l'OJC dans les FFI du Gers témoigne de ce que fut la Résistance des Juifs : le lien entre le sauvetage et l'action armée ainsi que l'expression d'une identité intimement liée à un combat universel.

---

[12] Cahier des Combattants Volontaires de la Résistance (CVR) de la Haute-Garonne : ces indications ont été recopiées par Daniel Latapie et transmises à M. L. Cohen.

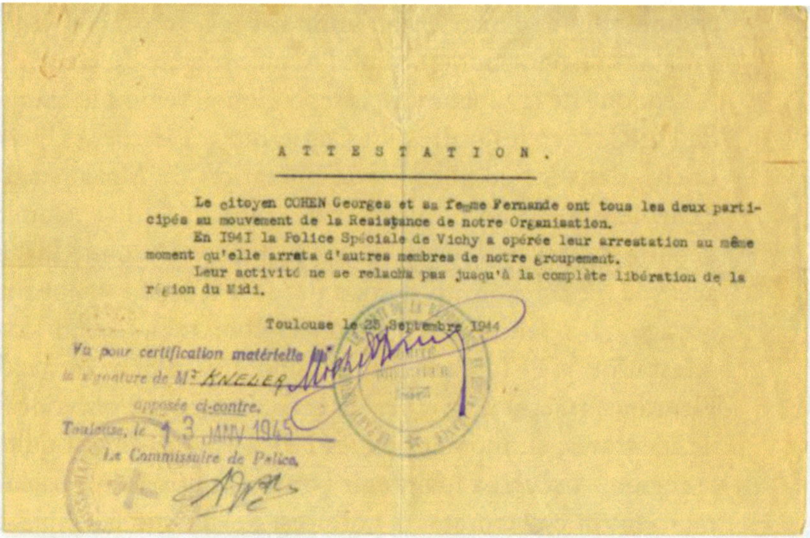

A T T E S T A T I O N.

    Le citoyen COHEN Georges et sa femme Fernande ont tous les deux participés au mouvement de la Resistance de notre Organisation.
    En 1941 la Police Spéciale de Vichy a opérée leur arrestation au même moment qu'elle arrêta d'autres membres de notre groupement.
    Leur activité ne se relacha pas jusqu'à la complète libération de la région du Midi.

Toulouse le 25 Septembre 1944

Vu pour certification matérielle
la signature de M? KNELER
apposée ci-contre.

Toulouse, le 13 JANV 1945
Le Commissaire de Police.

OF/LL

V° RÉGION MILITAIRE
ÉTAT-MAJOR
Bureau F. F. C. I. régional
N° 30.844 BR FFCI/FLN

Toulouse le 18/3/1952

MODÈLE NATIONAL — SÉRIE NORMALE
Références : IM n° 10 EMGG/FFI du 8.2.1945
IM n° 4550 FFCI/FI du 9 mai 1947

CERTIFICAT D'APPARTENANCE
AUX FORCES FRANÇAISES DE L'INTERIEUR

LE GÉNÉRAL COMMANDANT LA V° RÉGION MILITAIRE, certifie que

M F. COHEN Joseph Georges   alias   LEFEBVRE Georges
né   le 11 Janvier 1910   à   Paris IV°
actuellement domicilié   à   86, rue Moulet - TOULOUSE (Hte-Gne)

A SERVI DANS LES FORCES FRANÇAISES DE L'INTÉRIEUR
au titre des formations suivantes et dans les départements ci-après :

A.S. BATAILLON PROSPER   GERS   du 6.6.44 au 20.8.44
                                            du XX   au XX
                                            du   au

la dernière date indiquée étant celle de la libération de son secteur.

Circonstances particulières

Mr. COHEN Joseph Georges   a continué à servir dans sa formation
après la libération jusqu'au 15.10.1944   date à laquelle il a été libéré

Il   est rentré   dans ses foyers   le 16.10.1944
La présente attestation constitue un **Certificat de présence au Corps.**

A Toulouse, le 18.MARS   1952
Le Général de Division JOUSSE
Commandant la V° Région Militaire
P.O. Le Colonel PASTEUR
Chef d'Etat-Major

Références particulières   { Croix Guerre Etoile
éventuelles   { Bronze citation n°
                           { Ordre Général du
                           { 7 NOV.1945

NOTA. — La présente pièce est le certificat d'appartenance original ; le détenteur ne doit pas s'en séparer, sauf provisoirement et contre reçu, dans les procédures administratives s'il y a lieu.

F. F. I.
Nord-Est
BATAILLON P

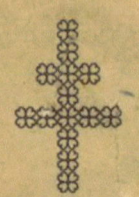

•

ATTESTATION

Le Chef de Bataillon PROSPER, Commandant
le Bataillon P. des F.F.I. du Gers, atteste
que :

COHEN Georges ,   Matricule 42
" LA TUILERIE "   FLEURANCE
né le 11/1/1910 à PARIS (4e)

a appartenu comme volontaire, Chef de
Section au Bataillon sus-nommé à la date
de sa formation le 15 Août 1944 jusqu'au
7 Septembre 1944. Il est rayé de nos
contrôles en raison de son âge.

Le 7 Septembre 1944
Le Capitaine Commandant la E
Compagnie A.

Vu :
Le Commandant du Bataillon P.

XVII REGION MILITAIRE
Subdivision d'AUCH
2° Régt du GERS
2° Bataillon

DUPLICATA

ATTESTATION

Je soussigné GIRAL René (Ex/PROSPER) Chef de Bataillon Commandant le 2° Bataillon du 2° Régiment du GERS, certifie que Monsieur COHEN Joseph, né le II Janvier 1910 à PARIS (4°) - a appartenu d'Octobre 1942 à Juin 1944 à l'Organisation Juive de Combat sous les ordres de SAM RUDETZKI; à ce titre s'est mis avec son groupe à la disposition de l'A.S. ;

du 6 Juin 1944 au 15-8-44 à la Section d'instruction de la Cie A en qualité d'instructeur avec le grade de Sergent-chef ;

du 16-8-44 au 15-10-44 à la Compagnie de Commandement du 2° Bataillon du 2° Régiment du GERS.

Démobilisé à cette date sur sa demande pour reprendre ses activités civiles à TOULOUSE, 42 rue des Couteliers -

A servi avec fidélité et honneur. Mérite l'homologation au grade de S/Lieutenant, Chef de Section F.V. en raison de ses qualités d'instructeur.

De plus, interprète de langue anglaise. A ce titre a rendu les plus grands services comme agent de liaison avec les services aériens de parachutages -

P.C.AUCH le 16-10-1944

Signé = GIRAL (Ex/PROSPER)

Copie Certifiée conforme à l'original établi à la date ci-dessus -
Toulouse, le 2 MAI 1951
Le Capitaine GIRAL, 14°R.I.P.C. -

TOULOUSE le 20 septembre 1969.

Je, soussigné, C O H E N Joseph, Georges, né le
II janvier 1910 à PARIS (4°), domicilié 86, rue Noulet à
TOULOUSE (Hte-Gar.), ayant appartenu au Bataillon PROSPER
du GERS, en qualité de Délégué de l'ORGANISATION JUIVE DE
COMBAT ,
titulaire de :
- la Carte de Combattant Volontaire de la Résistance n°1564
- de la Carte de Combattant n° 67.600,
- de la Croix de Combattant Volontaire 39/45 n° 36.862,
- de la Croix de Guerre 39/45,

    certifie que :

    monsieur B A C H A R Z I N A Z A L Y
actuellement domicilié à VALENCIENNES, avenue Albert I°,
a fait partie du Bataillon PROSPER, sous les ordres du
Commandant GIRAL René , alias PROSPER, en qualité de chauffeur
de voiture légère .

    Cette déclaration est délivrée à toutes fins
utiles à monsieur BACHARZINA Zaly .

    Fait à Toulouse le 20 septembre 1969.

… COHEN

Georges.

Joseph.

11 janvier 1910 à Paris (X ème)

6 Place Raspail à Toulouse.

Rédacteur

8ème génie (guerre) 16ème R.I (service militaire) 1940- 1941 2ème Résistance Gers 3e Bat.Prespa
(Neurance Gers)
depuis 1940 à la libération.

Chef de section.

Sergent pendant la guerre Lieutenant dans la Résistance.
Campagne contre l'Allemagne.

(ordre du Bataillon à Plappeville (Moselle) en 1939

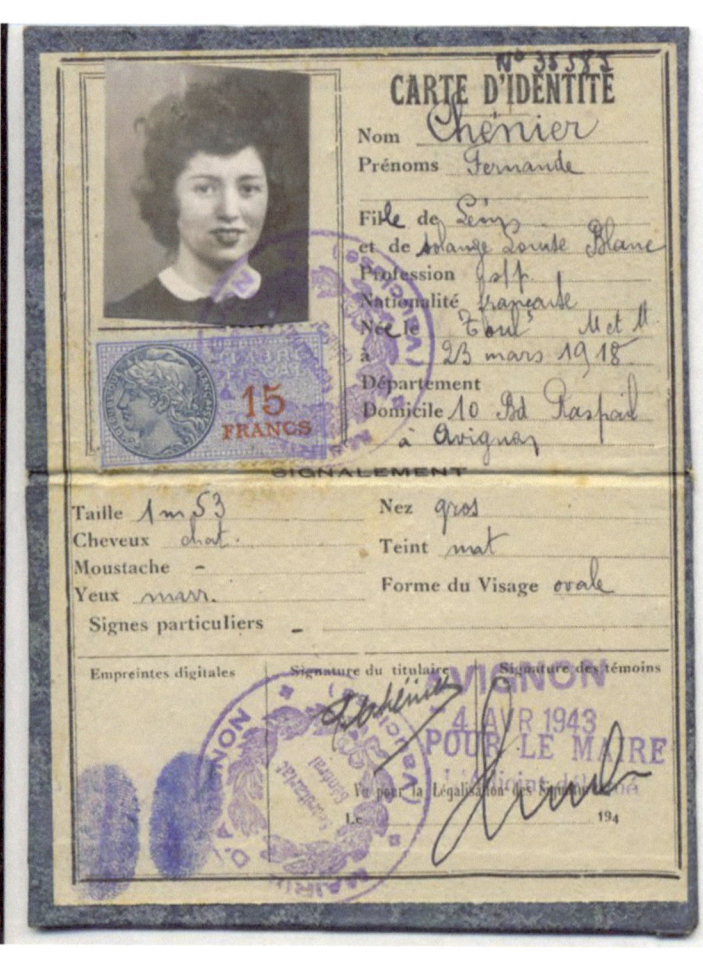

Samuel Rudetzki

Samuel Abraham Rudetzki
1885 - 1945

Samuel Rudetzki est né à Lodz en Pologne, le 5 janvier 1885. Il arrive à Paris à l'âge de dix-neuf ans et trouve une place de casquettier. C'est le métier qu'il déclare exercer lors de son mariage l'année suivante. Ce père de trois enfants que lui a donnés Dora Flishflisch, une Ukrainienne de deux ans son aînée, signe le 21 août 1914 un engagement pour la durée de la guerre afin de « défendre le pays qui le protégeait ». Dans la famille, il est décrit comme une « incroyable force de la nature ». Samuel est versé au 2e régiment étranger avant de rejoindre dans l'Argonne, le 14 juillet 1915, la 1re Cie du 112e avec une lettre de recommandation de son chef de bataillon, le commandant Berecki, conservée dans les archives de l'Organisation juive de Combat (Fonds Joseph Georges Cohen) : « Le soldat Rudetzki m'a toujours donné la plus entière satisfaction dans les fonctions d'agent de liaison cycliste qu'il remplissait. Serviteur dévoué et consciencieux, énergique, on peut avoir en lui une absolue confiance. A mérité les félicitations à l'ordre du régiment pour un acte de courage qu'il a accompli à la fin de mai... » D'autres témoignages de son courage et de son dévouement viennent compléter son dossier de naturalisation. Devenu français en 1915, Samuel Rudetzki est cité à l'ordre du corps de l'armée en mai 1916. Il est dit qu'il « a fait preuve d'une rare bravoure en traversant à de nombreuses reprises les tirs de barrage les plus violents pour transmettre aux sections engagées les ordres du commandant de la compagnie. » Gravement gazé en janvier 1917, il est réformé le 25 juin 1917, et il renonce à percevoir une pension[13].

Durant l'entre-deux-guerres, il reprend l'exploitation de son commerce. Membre du Comité central de la LICA, il sera de la garde rapprochée de son fondateur Bernard Lecache et fera souvent avec ses trois fils, Joseph, Paul et David, eux-mêmes du service d'ordre, le coup de main contre les antisémites et les groupes fascistes. Il fuit la capitale lorsque les Allemands y pénètrent et on le retrouve après l'été 1940 à Toulouse où il ouvre un commerce avec son gendre, Joseph Cohen, époux de sa fille Fernande.

Samuel Rudetzki et Joseph Cohen vont rester ensemble, dans la Résistance, pendant toute la guerre.

J. Cohen et S. Rudetzki ont appartenu d'abord au « Parti de la République et de la France » en 1940 dont les responsables étaient M. Boudounis (Mairie de Toulouse) et M. Michel Kneler (Président des Jeunesses syndicales de France). Arrêtés tous deux en 1941, S. Rudetzki passe en Conseil de guerre en mars 1942.

Pourchassé par la gestapo, il se réfugie à Fleurance où il va diriger le groupe de l'OJC dans le Bataillon Prosper. Lorsque les FFI quittent la région, il prend la direction de la police locale de Fleurance. Il réussit à maintenir l'ordre et fait arrêter plusieurs miliciens et collaborateurs

---

[13] Cette étude provient du livre d'Olivier Gaget (à paraître) : *Les poilus juifs du 112ème d'infanterie. Un régiment provençal dans la Grande Guerre.*

notoires. Les attestations le Résistance le présentent encore comme « un exemple de droiture et de dévouement ». En proie à de graves insuffisances respiratoires à cause de ses poumons brûlés à Verdun, il décède le 22 juin 1945, bientôt suivi par son épouse. Ils auront eu le bonheur de voir la naissance de leurs petits enfants.

Samuel et Dora Rudetzki

F. F. I.
Nord-Est
BATAILLON P

POLICE LOCALE de
FLEURANCE (Gers)

RUDETZKY Sam, né le 5/I/1885 à Leedz (Pologne) engagé volontaire 1914-18 - 2 citations, Croix de guerre, Croix de Combattant Volontaire, Croix de Verdun.

Résistant de la première heure, depuis 1940=

Arrêté le 3/I2/I941 par la police de Vichy, pour activité antivichyssoise; passé en conseil de guerre le I8 et I9/3/42 à Toulouse.

Pourchassé par la gestapo, s'est réfugié à Fleurance où il n'a cessé de collaborer de très près à toutes les oeuvres de la Résistance.

Soutien moral et financier de tous les malheureux; a contribué au succés final.

A pris la direction de la Police locale de Fleurance au moment où les F.F.I. de la région ont quitté la région. A réussi à maintenir l'ordre, fait arrêter plusieurs miliciens et collaborateurs notoires.

Restera un exemple de droiture et de dévouement.

P.C. Bataillon, le IO Septembre 1944
LE CHEF DE BATAILLON F.F.I.
Commandant de Piaget

120.

RUDETZKI,
Sam.

- 5 Janvier 1895 à Lodz
- 123 Rue d'Aboukir. Paris.
- Commerçant
- 112° R.I. guerre 14-18 (engagé volontaire)
- Parti unique Parti de la République et de la France
- St Prosper du Gers.
- De 1940 à la Libération.
- Membre du Comité Central de la LICA, chef de plusieurs groupements de Résistance — financier de ces groupes. — Chef de Police locale de Fleurance (Gers)
- Toute la Guerre 14-18, Reims, Verdun, au jour, chemin des Dames etc...
- Gazé de guerre.

- 2 Citations à l'ordre de la Brigade, Croix de Guerre, Croix du Cbt Volontaire, Croix du Volontaire, Croix de Combattant, Croix interalliée, Croix de Verdun, etc...

Membre d'honneur.
Carte domiciliale.
f. 1000. —

AM 73769

RUBINSKI Samuel

né le 5 Janvier 1885 à Lodz, Pologne, engagé
volontaire pour la durée de la guerre le 21 Aout
1914 à l'âge de 29 ans, père de 3 enfants (garçons)
(aujourd'hui père de 4 enfants) blessé en Janvier
1917 devant VERDUN, réformé n° 1 et libéré le 25
Juin 1917, a été pendant la durée de la guerre
l'objet de la citation suivante :

  Ordre n° 21 de la 251° brigade d'Inf. du
     30 Mai 1916
 " Agent de liaison d'une compagnie de mitrailleuses
Sujet russe, engagé volontaire pour la durée de la
guerre, a fait preuve d'une rare bravoure en traversant, à très nombreuses reprises, les tirs de barrages
les plus violents pour transmettre aux sections engagées les ordres du Commandant de la Compagnie.

   Signé : Général Pelletier de Woillemont.
  Extrait du rapport du Régiment du
     6 Juin 1915
 " Le Lieutenant-Colonel adresse ses compliments
au Légionnaire de Première Classe RUBINSKI, sous le
bombardement de l'artillerie, a participé, spontané-
ment, au transport des blessés au poste de secours
du Petit-Serrailly, faisant preuve ainsi de sang-froid
et de dévouement."

  En 1914, après quelques semaines d'instruction
militaire, RUBINSKI part au front, reçoit la lettre
suivante du Capitaine JOUANNEAU, du 2° Etranger :
 " Vous avez en vous l'étoffe du brave qui s'ignore
et je suis certain qu'au feu, vous vous conduirez de
façon à faire honneur au 2° Etranger.
 Vous savez que j'ai pour vous une grande estime
et que je n'ai qu'un regret: c'est de n'avoir pu partir
à la tête d'une compagnie de marche avec des soldats
tels que vous. Je suis certain que nous aurions fait
de la bonne besogne avec cette devise que j'ai toujours adoptée: " TOUS pour UN, UN pour TOUS ".

  Lors de son départ du 2° Etranger, au 112°
Rég. D'Inf., le Chef de Bataillon RUBICKI adresse au
Chef de Corps où devra appartenir RUBINSKI, la lettre
suivante :

 " Le Soldat RUBINSKI m'a toujours donné la plus entière satisfaction dans les fonctions d'Agent de
liaison cycliste qu'il remplissait. Serviteur dévoué
et consciencieux, énergique, on peut avoir en lui une
absolue confiance. A mérité les félicitations à l'ordre
du Régiment pour un acte de courage qu'il a accompli
à la fin de Mai. Je le recommande particulièrement au

      ....

.... N° 2 .

Chef de Bataillon qui l'aura sous ses ordres. Il n'a reçu aucune instruction militaire à proprement parler et à toujours effectué des missions d'Agent de liaison dont il s'acquitte parfaitement.

Le 14 Juillet 1919 : Le Chef de Bataillon
signé : [illisible]

Compagnie de Bataillon ? du [illisible]

----INSCRIPTION au LIVRE d'OR de VERDUN----

Aux Grands Chefs, aux Officiers, aux Soldats, A TOUS,

"Héros connus et anonymes, vivants et morts, qui ont triomphés de l'avalanche des barbares et immortalisé son nom à travers le Monde et pour les siècles futurs, la Ville de VERDUN, inviolée et debout sur ses ruines, dédie cette médaille en témoignage de sa reconnaissance : Le Nom de RUBINSKI Samuel
Soldat de 1ère Classe
Ile ° Régiment d'Infanterie
est inscrit au LIVRE d'OR des "SOLDATS de VERDUN" sous le numéro 99.415.

Le Président des A... de Verdun   Le Président du
"On ne passe PAS"   LIVRE d'OR :
signé illisible ----   signé illisible ---

Le Maire de VERDUN, député de la Meuse :
signé illisible .

Libéré le 25 Juin 1917, à la suite de ses blessures de guerre par la réforme, M. Samuel RUBINSKI, continue à se dévouer inlassable, interventions diverses, aide aux Veuves et Orphelins. Aujourd'hui encore est membre de notre Comité Actif et se dépense sans compter à la cause des ANCIENS COMBATTANTS.
Le Président :
signé : illisible.

A l'appel du MARECHAL PETAIN, demandant aux Français de recevoir à leur table, pour les fêtes de Noël 1940, un prisonnier rapatrié ou un blessé de guerre, Samuel RUBINSKI à répondu, comme il l'a toujours fait à son GRAND CHEF de VERDUN, en offrant un dîner pour le Réveillon à sa table à 25 Rapatriés ou Blessés.
Une lettre de remerciements en date du 30 Décembre 1940 lui fut adressée et dont la teneur suit :

Monsieur,

J'ai l'honneur de vous remercier au nom
....

de tous mes camarades pour la générosité que vous nous avez faite le jour de la fête de Noël en nous offrant déjeuners et diners. Nous remercions Mesdames qui ont eu l'amabilité de nous faire le meilleur accueil.
Je vous remercie encore une fois, au nom de tous, et vous joint les noms de tous ceux qui y figuraient.

Nous avons bien l'honneur de vous joindre nos meilleurs voeux et bonheur pour l'année 1941.

Recevez, Monsieur, l'assurance de nos plus profond respect et dévoués.

Signés : Coiffard, Le Goff, Desgranges, Coiffard, Martin, Marceau, Beaugoin, Bourgal, Martlet, Fourcade, Martin, Dessade, Roger, Latpeyet, Delahaye, Mathes, Roques, Barai, (Adj.Chef), Ruda, Thobis, Gerou et Jean Rudaxx.

Lettre du 9 Juillet 1917

Je soussigné, RUDETZKI Samuel, né à Lodtz (Pologne) le 5 Janvier 1888, engagé volontaire le 21 Aout 1914, dépot de Toulon, 112e Rég.d'Inf., en traitement à l'Hôpital Laennec à Paris, reconnus en toute connaissance de cause et après explications reçues, en cas de réforme n°1, à toute pension et indemnité, et m'engage à n'exercer aucun recours contre l'État.

Paris le 9 Juillet 1917
signé : Rudetzki.

SECOURS NATIONAL :

Lettres adressées à Monsieur Rudetzki :

Toulouse le 4 Janvier 1941

Monsieur,
Le Secours National est particulièrement touché de votre générosité, dont vous venez de nous donner une nouvelle preuve. Tous les articles que vous avez bien voulu nous offrir seront utilisés rapidement par des malheureux réfugiés ou expulsés.
etc. signé le Sec. régional
Henri de BATZ

et en date du 20 Décembre 1941 :

Monsieur et Madame :

En vous accusant réception de la somme de 2.000 francs que vous avez bien voulu me remettre pour les blessés de l'Hôpital PURPAN, je vous prie d'agréer, mes si sincères remerciements ainsi que ceux de nos hospitalisés pour ce geste généreux.
Votre don nous permettra de leur donner un peu de joie à l'occasion des fêtes de fin d'année et contri-

..........n°4

buera a effacer la tristesse de ces jours passés loin de leur famille.
   Pour noël, nous organisons à l'Hopital une Soirée récréative, le 24 déc.à 20 heures.Nous serions très heureux si vous pouviez nous honorer de votre présence pendant cette soirée.
      Veuillez etc....: Signé :MARTIN :
1ve Div.Mil? R.C. de PONPAN,Bureau de la Gestion.

TITULAIRE de :

La CROIX de GUERRE ,

CROIX des COMBATTANTS VOLONTAIRES ,

MEDAILLE COMMEMORATION de VERDUN ,

INSCRIPTION au LIVRE d'OR de VERDUN n° 99.415 ,

CARTE des COMBATTANTS n° ???.??? du 1° Mai 1935,

Médaille des COMBATTANTS de la Gde Guerre 14-18.

Médaille Interallié et ??????-??????? .

   A fait don et abandon de son Carnet de retraite des Combattants pour la DEFENSE NATIONAL pour 1940

Certifié exact.
Pour copie certifiée conforme.
FLEURANCE, le 23 Février 1943.
   Le Maire,

Joseph, Paul et David Rudetzki

Les frères Rudetzki et Joseph Cohen
Atelier clandestin de tracts pendant la guerre

AU PILORI

Les Juifs nous envoyent leurs assassins à gages

Dans notre dernier numéro nous parlions des menaces qui nous arrivaient journellement.

Or, la semaine dernière, notre excellent collaborateur Emile Dortignac recevait un coup de téléphone d'un certain M. Paul, lui demandant rendez-vous pour un entretien personnel.

Dortignac, qui n'est pas seulement un journaliste sportif, mais aussi un sportif militant, accepta d'emblée bien que se doutant d'un traquenard.

Dans un petit bar de la rue [...], notre ami se trouva en face du fameux Rudetzki, Juif, un des hommes de main du sinistre Lecache, chef de la Lica.

Le Rudetzki était flanqué d'un garde du corps impressionnant du type dit « armoire à glace ».

D'entrée, ce fut la provocation.

Dortignac, qui n'est pas manchot, donna à ces voyous la leçon qu'ils méritaient.

Il est intolérable que la Lica, dont on connaît les activités passées, puisse encore se manifester à Paris et que ses « tueurs », toujours en liberté, viennent attaquer ceux qui luttent pour la cause française.

Nous prévenons toute la bande que nous sommes sur nos gardes.

Paris le 3 Mai 1945.   29 rue Bergère

Je soussigné Marcel Guillaume, Directeur-adjoint honoraire de la Police Judiciaire, officier de la Légion d'Honneur, certifie connaître la famille Rudetzki depuis plus de vingt années.

Je les ai toujours suivis. Ce sont des travailleurs sérieux et que je considère connus des plus purs honnêtes.

Durant toute l'occupation j'ai été tenu au courant de leur résistance aux forces allemandes et j'ai dû, à plusieurs reprises, intervenir auprès d'eux pour leur conseiller d'être prudents et de ne pas risquer inutilement leur vie.

À la libération, Johson a eu un camarade tué par les allemands alors que, le trouvant dans la [...] voiture, ils l'arrêtèrent. Les renseignements connus aux battants en retraite dans la capitale.

Cette famille a toujours été d'un patriotisme éprouvé et a toujours eu une foi profonde dans la victoire de la France et de ses alliés.

Le sieur a obtenu 3 citations durant la guerre 1914-1918 et a été un des premiers résistants en 1940.

En foi de quoi je leur délivre cette attestation.

Lieutenant Colonel
V E N I E L
I, Avenue Peterhof (XVIII°)   PARIS, le 1° Août 1947
PARIS

— A T T E S T A T I O N —

Je soussigné, VENIEL Victor, Lieutenant-Colonel de l'Armée de l'Air, officier de la Légion d'Honneur, Croix de guerre, avec 3 Palmes, médaille de la Résistance avec rosette, ex-Chef des renseignements militaires de la section R du B.C.R.A. à LONDRES, certifie les faits suivants:

" J'ai connu Messieurs, Joseph et David RUDETZKI en 1941 à MARSEILLE, alors que j'étais agent de renseignements du B.C.R.A. Ils étaient en relation avec le Commandant PONS du réseau BRUTUS et faisaient du renseignement général à son profit. Leur action dangereuse, paraissait très productive.

En 1943, j'appris que Joseph RUDETZKI, traqué par la Gestapo et la milice, avait rejoint TOULOUSE pour préparer son évasion par l'ESPAGNE. Il réussit à passer la frontière, mais fut incarcéré à FIGUERAS par les autorités espagnoles. Relaché après une longue, il fut envoyé à BARCELONE en liberté surveillée.

Pour des raisons que j'ignore, il ne partit pas en A.F.N. repasse la frontière pour rentrer en FRANCE, et reprend la vie clandestine. Il fut arrêté par les Allemands sous le pseudo de Joseph CHRETIEN et incarcéré à la citadelle de PERPIGNAN. Il s'évada et tenta de rejoindre PARIS, mais fut repris et expédié par chemin de fer, vers le camp de COMPIEGNE pour être dirigé sur l'ALLEMAGNE. Il s'évada à nouveau en gare de PARIS et réussit à rejoindre son frère Paul.

résistait à cette époque, j'eus entre les mains une liste de recherches par les Allemands, dont la tête était mise à prix. Sa photographie était à côté de celle de Monsieur LE ROCQUER, ancien ministre.

Malgré le danger, il continua son action dans le groupe Paul RUDETZKI, alias GODARD, WAMBERG, PROU.

En ce qui concerne David RUDETZKI, celui-ci eut plus de chance, il réussit à traverser l'ESPAGNE et rejoindre l'AFRIQUE DU NORD, sans histoire notable. Il me fut d'un grand secours lorsque, sortant moi-même des geôles espagnoles, j'arrivai à ALGER, fin 1943. A cette époque, il mit à ma disposition son argent et son activité.

J'atteste que Joseph et David RUDETZKI se sont conduits en résistants exceptionnels, donnant à tous le plus bel exemple de l'action énergique et sans défaillance contre l'occupant, sans tenir compte de leur sécurité et de leur vie. Ils ont mis **tous** leurs moyens matériels et physiques au service de la Résistance.

Signé
Lieutenant Colonel VENIEL

- A T T E S T A T I O N -

Je soussigné, VENIEL Victor, Lieutenant-Colonel de l'Armée de l'Air en retraite, Officier de la Légion d'Honneur, Croix de Guerre, Rosette de la Résistance, demeurant à PARIS, 1 Avenue de Péterhof (17°), déclare :

J'ai remis en son temps, une attestation de résistance à Messieurs Paul RUDETZKI et Joseph RUDETZKI, concernant leur activité clandestine dans la Résistance française, au sein du réseau VALBERT que je commandais. Un diplôme certifiant leur appartenance aux Forces Françaises Combattantes, leur a été décerné par le Ministère de la Guerre.

Pour servir qui de droit, je précise que Paul et Joseph RUDETZKI ont demandé à ne pas être inscrits aux réseaux "BRUTUS" et "MITHRIDATE" dont j'étais membre de début 1942 à fin 1943, parce que recherchés activement par la Gestapo sous le nom de GODARD et CHRETIEN, ils représentaient un danger pour ces organisations. Ils travaillaient pour moi, c'est à dire pour le réseau VALBERT, et je transmettais le résultat de leur travail aux réseaux sus-indiqués.

Après la Libération, ils considérèrent leur travail comme terminé, et ne s'occupèrent pas de faire homologuer leurs services.

Les trois membres officiels du réseau VALBERT étaient militaires de carrière, fusillés ou tués en 1944 et 1945 (Sergent PASCALIDIS Alain, tué en 1945, Lieutenant FONTAINE et Capitaine BRUN, fusillés en 1944).

Je ne jugeais pas utile de faire homologuer mon réseau dont j'étais le seul survivant, mes titres ainsi que les distinctions honorifiques me concernant ayant sanctionné mon action. J'ajoute que, dès mon arrivée à Londres fin 1943, je fus élevé au rang de Chef des renseignements militaires du B.C.R.A. et qu'à cette époque, j'ai mentionné les activités admirables des frères RUDETZKI dans la France combattante.

Au cours de leur action, Joseph RUDETZKI a été arrêté 3 fois par la Gestapo, à Moulins, à Langon, et après un passage de la frontière d'Espagne en France il fut, une fois de plus, arrêté et incarcéré à la Forteresse de PERPIGNAN de laquelle il s'évada. Sa photo fut publiée dans toutes les Feldgendarmeries, et sa tête mise à prix. Paul RUDETZKI ayant porté secours à son frère et l'ayant aidé à s'évader, fut arrêté et incarcéré au Fort du Hâ à Bordeaux. De ce fait, il fut également "brûlé".

C'est moi-même, avant mon départ définitif vers Londres, qui leur donnai l'ordre de cesser toute activité, leur travail, du fait des recherches dont ils étaient l'objet, devenant trop dangereux et peu effectif. J'appris, à mon retour en 1944, qu'ils n'avaient pas exécuté cet ordre, et avaient continué leur activité clandestine.

En foi de quoi, je délivre la présente attestation.

Fait à PARIS, le 23 MAI 1955 :

Victor VENIEL

ATTESTATION

Je soussigné, Georges BERENI, né le 3 Mars 1925 à VIENNE (Isère), de nationalité Française, déclare avoir voulu passer en Espagne vers le 10 Septembre 1943. J'ai été pris par les Allemands et conduit à la Citadelle de Perpignan d'où nous avons été groupés et expédiés en direction de Compiègne pour aller en Allemagne vers fin Septembre.

Dans le train, sur une voie de garage de la gare du Nord, mon voisin, Monsieur Joseph RUDETZKI, qui s'était déjà évadé une fois de Perpignan et avait été repris, m'a réveillé en me demandant " si je voulais m'évader " car il avait préparé son évasion toute la nuit. Ayant accepté avec joie, il me fit évader bien que pourchassés par les Allemands qui tirèrent dans notre direction sans nous atteindre.

Monsieur Joseph RUDETZKI m'emmena chez des amis où nous nous sommes changés, me donna quelques effets, des fonds, me fit obtenir une fausse carte d'identité et, quelques temps après, me fit partir chez de la famille à moi où je fus complètement tranquille.

TOULOUSE, le 12 Avril 1945.

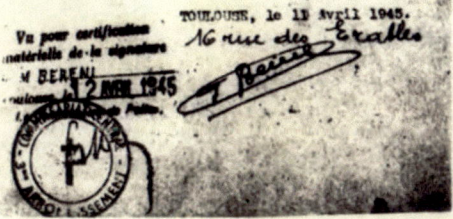

AMERICAN JOINT DISTRIBUTION COMMITTEE

CABLES & TELEGRAMS
JOINTFUND-MADRID

20, EDUARDO DATO
MADRID, SPAIN

TELEPHONE 26004

33/PG

     Nous avons l'honneur de confirmer par la présente
que les Messieurs Charlie MITTELSCHTEIN, Roger MIODOWSKI et Joseph
RUDETZKI sont venus en Espagne au mois de Janvier 1943 où ils
furent détenus et internés successivement dans les prisons de
Figueras et de Gerona, pour avoir traversé la frontière clandestinement. Libérés après deux mois de détention, ils se mettaient immédiatement à la disposition de l'Œuvre pour venir en aide aux
nombreux réfugiés, qui, fuyant les persécutions allemandes cherchaient asile en Espagne.

     Déployant tous les moyens en leur pouvoir, ils
rendaient possible, que quelques personnalités, de même qu'un nombre
considérable de persécutés réussissaient à échapper aux menaces
qui pesaient sur eux. Au risque de leur propre sécurité, les susmentionnés intervenaient en faveur des réfugiés en captivité, obtenant finalement, avec notre appui, la mise en liberté d'un
groupe important dont la plus part pouvait être acheminée par la
suite vers l'Afrique du Nord.

     Les précités ne reculaient devant aucun effort
et devant aucun risque pour réaliser le noble but qu'ils se sont
proposé et au moment où leur activité ne pouvait plus se poursuivre
Charles MITTELSCHTEIN et Roger MIODOWSKI allaient joindre l'armée
en Afrique du Nord, tandisque Joseph RUDETZKI , au risque de sa
vie, rentrait en France.

        Fait à Madrid le quinze Octobre
        mil neuf cent quarantesix

          Dr. Samuel Sequerra
           Délégué

Je soussigné, Maoriel GUEMET, ex-vice Président du Parti Radical Socialiste, ex-Directeur Politique du Petit Journal, membre du Comité Central de la ligue des Droits de l'Homme, certifie sur l'Honneur l'exactitude des faits suivants :

En Août 1940, j'ai rencontré à Roanne, Monsieur Paul RUDETZKI que j'avais connu bien avant la Guerre à la L.I.C.A de Monsieur Bernard LECACHE, et qui avait avec moi conduit une action constante et ardente contre le Rasisme, l'Hitlérisme, Munich et le défaitisme de certaines équipes dirigeantes. Je proposais à Paul RUDETZKI d'organiser tout de suite avec tous ceux qui n'acceptaient pas la capitulation un embryon de Résistant. RUDETZKI accepta avec enthousiasme et me fournit les moyens matériels d'entreprendre une tournée à travers toute la Zone Libre. Ce que nous essayons à l'époque préfigurait ce qui devait être plus tard la Résistance organisée.

A l'été 1941, je dus quitter LYON, la police de VICHY me surveillant étroitement à la suite d'une lettre de Georges MANDEL dont j'eus l'honneur d'être l'ami et avec qui il me fut donné de collaborer dans les jours tragiques de Tours et de Bordeaux.

Je contractai un engagement régulier dans un service de la " France Combattante " pour les renseignements et perdis de vue Paul RUDETZKI. Il me revint qu'il était traqué par VICHY et les Allemands et que sa vie était en péril. Je fus moi occupé de mon Chef.

Je retrouvai Paul RUDETZKI à Paris en Avril 1944 sous le nom de GODARD accompagné de son frère qui vivait sous le nom de CHRETIEN. Paul RUDETZKI me proposa de travailler pour le compte d'un groupe d'officiers venus de Toulouse et chargés d'un service de renseignements. Je me rendis plusieurs fois par semaine à la Maison TILLY BARN, 2 rue Chabanais, dirigée par Madame Suzanne PROU, celle-ci nous accueillit avec beaucoup de courage. Elle tapait mes rapports et risquait sa vie comme Paul et Joseph RUDETZKI. La Maison 2 rue Chabanais était ainsi devenu un véritable centre de Résistance.

Pendant les journées d'Aout Paul RUDETZKI me donna rendez-vous à la Mairie du 9eme Rue Drouot où commandait le Capitaine RELY. Je l'ai trouvé comme toujours courageux dévoué et prêt à tout pour servir la cause de la Libération, son attitude durant ces quatre années d'Occupation fut celle d'un patriote et d'un militant très brave.

le 3 MAI 1945

Paris le 29.11.1945-

11, RUE WEBER
TEL: PASSY 90-07

Je soussigné Alfred Cartier, fondateur de "l'Union des Evadés de France, déclare et affirme, par la présente : chargé de mission en Espagne, menacé d'arrestation par la Gestapo et par la police militaire espagnole, étant en résidence à Gérone, j'ai pu échapper à ces derniers grâce à l'héroïque intervention de six Français qui n'ont pas hésité, revolver au poing, à assurer ma retraite.

Parmi ces six Français figurait Monsieur Georges Rudetzki qui a été l'animateur et l'organisateur de ce groupe d'auto-défense et je puis assurer que c'est grâce à son intervention que j'ai pu regagner clandestinement l'Afrique du Nord par mon embarquement clandestin dans un port d'Espagne.

En fait de quoi je délivre la présente attestation faite sur l'honneur et je signe :

Joseph Rudetzki

**PRÉSIDENCE
DE LA
RÉPUBLIQUE**

ATTESTATION
-:-:-:-:-:-:-:-:-:-

Je soussigné, Benjamin LA_ARTRE, Commissaire de Police, attaché au Cabinet de Monsieur le Président de la République, Chevalier de la Légion d'honneur, Croix de Guerre, Médaille de la Résistance Française, déclare ce qui suit :

J'ai fait, en Juillet 1943, en Espagne, la connaissance de M. David RUDETZKY, né le 23 Septembre 1909 à PARIS, de nationalité Française. A cette époque, l'intéressé qui avait franchi les pyrénées en Avril 1943 pour rejoindre les Forces Françaises Libres, attendait en Espagne son départ pour ALGER.

Durant son séjour dans ce pays, à la même date, je n'ai pas personnellement utilisé M. RUDETZKY à des fins de renseignements parce que je savais qu'il apportait déjà son concours les plus désintéressé aux services du S.R. Français à BARCELONE et que grâce à sa perspicacité, des suspects qui s'étaient infiltrés dans nos rangs, furent mis hors d'état de nuire.

Après un séjour à LONDRES de quelques mois, je fus nommé à ALGER où en qualité de Capitaine, j'assumais la direction d'une section de contre-Espionnage.

Dès mon arrivée en Afrique du Nord, je pris M. David RUDETZKY à mon service et je n'eus qu'à me féliciter du concours qu'il m'apporta journellement jusqu'au mois de Juillet de la même année, date de mon départ pour l'Italie.

C'est en raison de son excellent comportement dans les Forces Françaises Combattantes, qu'il m'est agréable de délivrer à l'intéressé la présente attestation.

FAIT à PARIS, le 6 Décembre 1956

B. LAMARTRE.

Organisation Juive de Combat

FORCES FRANÇAISES DE L'INTÉRIEUR

**ORGANISATION JUIVE
DE COMBAT**
(O. J. C.)

P. V. de création 334
P. V. de dissolution 7

BUREAU LIQUIDATEUR
DE l'O.J.C.
1° Bld de la Saussaye
Neuilly S/Seine

PARIS LE 2 MARS 1951

Monsieur J.G.COHEN
42-44 rue des Couteliers
Toulouse

Cher Camarade,

  Nous sommes très heureux d'avoir reçu votre lettre et de prendre ainsi contact avec d'autres camarades de l'O.J.C.

  Nous n'ignorons pas que l'O.J.C si, elle n'a peut-être pas été exclusivement créée à Toulouse, a été reconnue dans cette ville grâce au Capitaine Pierre LOEB dont j'étais l'adjoint à cette époque.

  Je me rappelle avoir connu un M. COHEN qui s'occupait activement de l'A.A.C.R.I.F (Association des anciens Combattants et Résistants Juifs de France) peut-être vous souviendrez vous également de moi

  Si nous avons pris la responsabilité à Paris, en accord avec le Capitaine Pierre LOEB qui est toujours le Président de l'association, de regrouper nos camarades, c'est que, jusqu'ici rien n'a été fait pour défendre leurs intérêts.

  Beaucoup de nos camarades doivent obtenir la carte d'Ancien Combattant Volontaire de la Résistance, mais faute de savoir à qui s'adresser pour demander des atestations sur leurs activités ils n'ont pas fait valoir leurs droits.

  La carte d'Ancien Combattant est notre premier objectif, mais nous avons décidé de ne pas en rester là, et, de pofiter XX de cette reprise de contact qui ne manquera pas de ée fâre, pour créer des liens plus étroits entre nos camarades de Paris, de province et ceux qui se trouvent actuellement en ISRAEL.

....
Puisque vous voulez bien nous demander des instructions et des directives, voici ce que nous vous proposons.

1°- A tous ceux qui nous écrirons du Sud-Ouest nous communiquerons votre adresse en leur demandant de se mettre en rapport avec vous

2°- l'O.J.C. ayant été reconnue à Toulouse, et la plupart d'entre nous dont les activités se sont exercées dans cette région auront besoin d'un Porte-Parole auprès des autorités Militaires qui s'occupent des questions F.F.I.
    Pourrez-vous vous charger de cette mission ?
Nous vous transmettrons les dossiers de nos camarades qui demanderont à être régularisés ou des recherches au Bureau Militaire F.F.I. Etc......

3° Nous vous prions de bien vouloir nous transmettre un double des documents que vous pourriez avoir en votre possession (Listes de nos camarades avec leur adresse, dossiers etc....)

4°- Nous vous prions également de bien vouloir remplir le questionnaire ci-joint avec le maximum de renseignements sur vos activités et le nom des personnes que vous avez connu dans la Résistance.
    En espérant que vous voudrez bien joindre vos efforts aux nôtres, pour resserer les liens d'amitié et de solidarité créés dans la Résistance et pour aider nos camarades à obtenir la carte de Combattant de la Résistance, recevez Cher Camarade, l'assurance de nos sentiments les meilleurs.

                                    HENRY BRODER
                                    Chargé de la liquidation
                                    de l'O.J.C.

F.F.I.

FORCES FRANÇAISES DE L'INTÉRIEUR

ORGANISATION JUIVE DE COMBAT

4 × 4
PHOTO

N° _____
Nom _____
Prénoms _____
Né le _____
à _____
domicile _____

Empreinte digitale

Toulouse le _____
Le Commandant.   Signature du Titulaire :

Je jure de lutter jusqu'à l'écrasement total de l'Allemagne nazie.

Pour l'honneur
    la liberté
        et le droit à la vie du Judaïsme

LIBÉRATION

Michel Navon

« Un de la Brigade »

« Voici le texte traduit de l'hébreu d'une lettre reçue d'un combattant de la Brigade Juive, né en Palestine en 1923 de parents venus de France. Il a 22 ans. C'est un de ces jeunes de la nouvelle et forte génération juive issue d'Eretz-Israël. Son nom est J. Mavon [en réalité Michel Navon] du [? le n° est effacé] Convoy RASC Pal. Jewish Brigade Group[14] :

« CHALOM, MON CHER ONCLE,

« Tu ne peux t'imaginer ma joie en recevant ta lettre et les photos de ma chère tante et de votre petite fille si douce. Je ne sais comment vous féliciter et espère qu'il me sera

---

[14] La « Brigade juive » fut une unité militaire qui servit dans l'Armée Britannique et auprès des Alliés au cours de la Seconde Guerre mondiale, en tant que formation militaire juive nationale et indépendante. La Brigade Juive était composée surtout de Juifs d'*Eretz Israël* (la Terre d'Israël) et elle avait son propre emblème. Elle fut fondée à la suite de longues négociations menées par le *Yichouv* (communauté juive d'*Eretz Israël* avant la création de l'État en 1948) et par le Mouvement Sioniste pour permettre au peuple Juif de participer à la guerre contre l'Allemagne nazie en tant qu'unité distincte, reconnue comme formation militaire juive.

donné de vous voir tant que je resterai en Europe, si près du pays d'où partirent mes parents pour retourner à notre berceau.

« De mon côté, rien de nouveau : être soldat ! Tu connais le métier aussi bien que moi. Mais ici, je me trouve parmi nos soldats, des soldats juifs. Pour toi c'est peut-être un sentiment étrange, mais pour nous c'est un fait, un fait très réconfortant, et nous n'avons pas, oh loin de là, à nous gêner de notre armée ; au contraire depuis El Alamein, et bien avant encore, en Grèce, à Tobrouk et ailleurs, nos soldats se sont couverts de gloire et se sont fait une renommée qui touche à la légende. Pour ma part, j'ai fait de mon mieux, comme tous les autres d'ailleurs. J'ai été torpillé en Méditerranée, j'ai combattu à travers le désert africain et dans les gorges de l'Appenin. Comme par miracle, je n'ai pas une égratignure.

« Renée, ma mère chérie, se fait du mauvais sang en Eretz, mais elle surmonte ses peines et prend cela comme toutes les mères, et en particulier les mères d'Israël, avec courage et fierté.

« Pauvre maman ! Quand la retrouverai-je ? Allons-nous rester en Europe nous aussi, pour occuper et châtier l'Allemagne, ou allons-nous partir vers l'Est, vers l'Empire du Soleil Levant ?

« Je t'embrasse, mon cher oncle, dans l'espoir de pouvoir réaliser un de mes désirs les plus chers, venir passer quelques jours auprès de vous, en mon uniforme de soldat juif. »

NAVON

Cette lettre de Michel Navon à son oncle Joseph Georges Cohen est parue dans *Renaissance, Organe de l'Union de la Résistance Juive (siège de l'U.R.J. : 7, rue Caffarelli)*, 2ᵉ année, N° 21, 15 juin 1945.

1945 à Toulouse
Michel Navon tient dans ses bras Monique Lise,
l'enfant de Fernande Rudetzki et de Joseph Cohen

Remerciements

M. Olivier Gaget, écrivain et historien, a mené une recherche très approfondie sur le parcours de Samuel Rudetzki

Mme Marie-Paule Hervieu, historienne, Présidente du Cercle d'étude de la Déportation et de la Shoah - Amicale d'Auschwitz, a publié l'étude sur l'exclusion de Joseph Georges Cohen par la Société Pathé Cinéma.

M. Daniel Latapie, ancien résistant, historien et correspondant de l'IHTP, m'a guidée et accompagnée pendant trente ans dans les recherches sur la Seconde Guerre Mondiale.

M. Pierre Léoutre, écrivain, historien, créateur du site internet www.resistancejuive.org, a initié beaucoup de ces recherches.

Je voudrais leur dire toute ma reconnaissance,
dans la pensée de celles et ceux de ma famille qui m'ont
transmis
la mémoire de la Résistance,
le désir de liberté
et
l'amour d'Israël.

Direction d'ouvrage :
Monique Lise Cohen et Pierre Léoutre
Association « Mémoires :
Les Juifs dans la Résistance »
www.resistancejuive.org

Composition et maquette du livre :
Pierre Léoutre

Impression :
Books on Demand GmbH, Norderstedt
Allemagne
ISBN : 9782322035090

Dépôt légal : janvier 2014
www.bod.fr